BEI GRIN MACHT SICH IHR WISSEN BEZAHLT

- Wir veröffentlichen Ihre Hausarbeit, Bachelor- und Masterarbeit

- Ihr eigenes eBook und Buch - weltweit in allen wichtigen Shops

- Verdienen Sie an jedem Verkauf

Jetzt bei www.GRIN.com hochladen und kostenlos publizieren

Bündnis 90/ Die Grünen - Von der Antiparteien-Partei zur Regierungspartei

Simon Stumpf

Bibliografische Information der Deutschen Nationalbibliothek:

Die Deutsche Nationalbibliothek verzeichnet diese Publikation in der Deutschen Nationalbibliografie; detaillierte bibliografische Daten sind im Internet über http://dnb.d-nb.de abrufbar.

ISBN: 9783638661256
Dieses Buch ist auch als E-Book erhältlich.

© GRIN Publishing GmbH
Nymphenburger Straße 86
80636 München

Druck und Bindung: Books on Demand GmbH, Norderstedt Germany
Gedruckt auf säurefreiem Papier aus verantwortungsvollen Quellen

Das vorliegende Werk wurde sorgfältig erarbeitet. Dennoch übernehmen Autoren und Verlag für die Richtigkeit von Angaben, Hinweisen, Links und Ratschlägen sowie eventuelle Druckfehler keine Haftung.

Das Buch bei GRIN: https://www.grin.com/document/50789

Universität Trier

FB III: Politikwissenschaft

Hauptseminar: Konstanz und Wandel des Parteiensystems der Bundesrepublik Deutschland

SS 2003

Bündnis 90/ Die Grünen

Von der Antiparteien-Partei zur

Regierungspartei

Vorgelegt von:

Simon Stumpf, Politikwissenschaft

6. Fachsemester

Inhaltsübersicht

Einleitung

Wenn man sich mit der Entwicklung der Grünen seit ihrer Gründung im Jahre 1980 in Karlsruhe beschäftigt, so ist augenfällig, mit welch großem Skeptizismus sie von Anfang an betrachtet wurden. Bemerkenswert ist dabei, dass den Grünen in ihrer mehr als zwei Jahrzehnte währenden Geschichte nicht nur von außenstehenden Beobachtern, sondern auch von den eigenen Reihen immer wieder der baldige Untergang prophezeit wurde. Schon während der ersten Legislaturperiode mit grüner Beteiligung stellte der heutige Europaparlamentsabgeordnete Klaus Dräger im Jahre 1986 die Frage nach dem *„Aus für Grün?"*. Nach dem Ausscheiden aus dem Bundestag nach der Wahl 1990 titeln ehemalige und aktive grüne Parteimitglieder einen Sammelband mit den Worten *„Sind die Grünen noch zu retten?"*. Hubert Kleinert beschreibt kurz darauf bereits den *„Aufstieg und Fall der Grünen"* im Jahr 1992. Dieser größtenteils fatalistische Betrachtungsfokus, der sich wie ein roter Faden durch die Parteigeschichte zieht, findet noch heute seinen Ausdruck in den Schriften Jutta Ditfurths (*„Das waren die Grünen"*) und der zur Zeit aktuellsten Analyse von Klein/Falter (*„Der lange Weg der Grünen"*). So gewinnt man den nicht unbegründeten Eindruck, dass die Grünen sich seit Ihrer Gründung in einer dauerhaften Existenzkrise befinden. Dieser Zustand findet seine Ursachen in der Tatsache, dass die Grünen sich wie keine andere Partei Deutschlands in den letzten beiden Jahrzehnten sowohl hinsichtlich ihrer parteiinternen Struktur, ihrer politischen Standpunkte sowie auch der Wähler- und Mitgliederstruktur verändert haben. Daher stellt sich die Frage, welche auf die genannten Aspekte abzielenden parteievolutionären Faktoren heute noch das Bild der Grünen Partei prägen und welche im Laufe der Zeit verloren gingen. Wo stehen die Grünen heute und welche parteispezifischen Charakteristika prägen das aktuelle Bild der Grünen? Mit anderen Worten: Was ist noch grün an der grünen Partei?

Um diese Frage zu beantworten soll in vier verschiedenen Bereichen der Weg der Grünen nachgezeichnet werden. Zuerst sollen in einer parteihistorischen Betrachtung die Wurzeln der Partei und ihr anschließender Werdegang als bundespolitischer Akteur beleuchtet werden. Darauf folgend wird die politisch-inhaltliche Parteientwicklung skizziert. Ein weiterer sehr wichtiger Aspekt zur Charakterisierung der Grünen ist ihre sehr eigene Parteiorganisation, welche bis heute noch lebhaft diskutiert wird. Schließlich ist es unerlässlich auf den parteisoziologischen Hintergrund einzugehen, der sich sowohl auf die grünen Wähler, als auch auf ihre Mitglieder bezieht. Im abschließenden Fazit wird dann versucht werden, die Ergebnisse dieser vier Entwicklungslinien im Sinne der eingangs gestellten Frage zusammenzuführen und anhand dieser Synthese eine eigene Einschätzung vorzunehmen.

1. Geschichtliche Entwicklung der grünen Partei

1.1 Von der Bewegung zur Partei – Die gesellschaftlichen Wurzeln der Grünen

Obwohl die formale Parteigründung der Grünen erst im Januar 1980 erfolgte, reichen die Wurzeln der Grünen viel weiter zurück. Dabei muss erwähnt werden, dass die Grünen bei ihrer Gründung keineswegs identisch mit den Bürgerinitiativ-Bewegungen der 70er waren, sondern dass auch andere Gruppierungen wie vor allem die außerparlamentarische Linke großen Einfluss auf die Parteientstehung nahmen.[1] So lassen sich grundsätzlich zwei Strömungen benennen, die zur Gründung der Grünen geführt haben: die Studentenbewegung mit den aus ihr hervorgehenden linken Gruppen und die Bürgerinitiativ-Bewegungen oder auch „Neue Soziale Bewegungen" (NSB), welche sich nochmals aufteilen in die Umwelt-, Friedens- und Frauenbewegungen.[2]

Die Studentenbewegung entstand im politischen Klima der 60er Jahre, in welchem die Studenten eine Rechtsverschiebung des politischen Spektrums perzipierten. Die Gründe dafür waren die Zuwendung der SPD zur politischen Mitte durch das Godesberger Parteiprogramm 1959, die Gründung der NPD 1964 und das Zustandekommen der großen Koalition zwischen CDU und SPD 1966. Klein/Falter beschreiben das gesellschaftliche Klima der 60er folgendermaßen:

> „(...) man vermisste eine offene und schonungslose Auseinandersetzung mit der deutschen NS-Vergangenheit durch die Generation der Eltern und sah eine eindeutige Fixierung der Politik auf die wirtschaftlichen Ziele Wachstum und Wohlstand."[3]

So entwickelte sich eine politische Protestbewegung, welche ihre Hauptkristallisationspunkte in der „Außerparlamentarischen Opposition" (APO) und dem „Sozialistischen Studentenbund" (SDS) hatte.[4] Hauptangriffspunkt war dabei der Erlass der Notstandsgesetze, welche trotz aller Proteste im Mai 1968 verabschiedet wurden. Mit Willy Brandts Parole „Mehr Demokratie wagen" wurde ein weiteres zentrales Thema der Studenten aufgegriffen, was das Ende der Bewegung noch beschleunigte. Die große Mehrheit der Studenten nahmen nun wieder ihr Studium auf, während eine Minderheit politisch aktiv blieb und sich in den verschiedenen Großstädten die marxistisch-leninistischen oder maoistischen K-Gruppen

---

[1] Vgl.: Cornelsen, D.: Ankläger im Hohen Haus – Die Grünen im Bundestag, Essen 1986, S. 9.
[2] Cornelsen, D.: Ankläger im Hohen Haus – Die Grünen im Bundestag, Essen 1986, S 21.
[3] Klein, M./ Falter, J.: Der lange Weg der Grünen, München 2003, S. 16.
[4] Anm.: Den philosophischen Unterbau erhielt diese Bewegung von der sogenannten „Frankfurter Schule" um die Professoren Adorno und Horkheimer. Sowie das Werk von H. Marcuse „Der eindimensionale Mensch".
Klein, M./Falter, J.: a.a.O., S. 17.

herausbildeten.[5] Ihre Zerfallsprodukte im Zusammenhang mit der neu aufkommenden alternativen Szene trugen dann wiederum gegen Ende der 70er zum Entstehen der sogenannten Bunt-Alternativen Listen bei.

Die zweite Entstehungslinie der Grünen bilden die Neuen Sozialen Bewegungen. Die Entstehung dieser „post-materialistischen" Bewegungen sah Inglehart bereits 1971 voraus:

> „It seems (...) that intergenerational change is taking place in the value priority of the West European populations – and that this change may have a significant long-term impact on their political behaviour."[6]

Die wichtigste dieser sozialen Bewegungen war für die spätere Partei die Umweltschutzbewegung. Ihr Auslöser waren die Thesen des Club of Rome über „Die Grenzen des Wachstums" sowie die Atom-Energie-Politik der sozial-liberalen Koalition in den 70ern.[7] Höhepunkt dieser Proteste waren die fast bürgerkriegsähnlichen Auseinandersetzungen mit der Polizei bei den Protesten gegen die Errichtung des AKWs Grohnde in Niedersachsen. So kam es dann im Frühjahr 1977 zur ersten Gründung einer regionalen Umweltpartei der „Grüne Liste Umweltschutz Niedersachsen" (GLU). Ihr folgten weitere „Grüne Listen Umweltschutz" (GLU) in anderen Teilen Deutschlands. Des weiteren kamen noch die wert-konservative „Grüne Aktion Zukunft" (GAZ) um den ehemaligen CDU-Politiker Herbert Gruhl und die nationalkonservative „Aktionsgemeinschaft Unabhängiger Deutscher" (AUD) um den ehemaligen CSU-Abgeordneten August Haußleiter hinzu.[8] Diese bürgerlich-konservativen Umweltbewegungen bestimmten maßgeblich die Grüne Partei in der Gründungsphase von 1977 – 1980. So kommt es im März 1979 zum Zusammenschluss der GLU Niedersachsen, GAZ und AUD zur „Sonstige Politische Vereinigung/ Die Grünen" (SPV/ Die Grünen) zum Zwecke der Europawahl. Die SPV/ Die Grünen scheitert bei dieser Wahl zwar mit 3,2% an der 5%-Hürde, erhält dafür aber 4,5 Mio. D-Mark Wahlkampfkostenerstattung. Mit diesem Geld konnte die spätere Gründung der Grünen finanziert werden. 1984 wurde daher in einem Bericht der Sachverständigenkommission zur Neuordnung der Parteifinanzen festgehalten:

> „Die Entstehungsgeschichte der Partei „Die Grünen" stellt somit einen in der Geschichte der Bundesrepublik bisher einmaligen Fall staatlich subventionierter Parteigründung dar."[9]

---

[5] Wilpert, G.: Revolutionäre Kaderpolitik und Terrorismus, in: Markovits, A.S./ Gorski, P.S.: Grün schlägt Rot – Die deutsche Linke nach 1945, Hamburg 1997, S. 98f.
[6] Inglehart, R.: The Silent Revolution in Europe: Intergenerational Change in Post-Industrial Societies, in: The American Political Science Review, Vol. 65, 1971, S. 1071.
[7] Cornelsen, D.: a.a.O., S. 9.
[8] Kleinert, H.: a.a.O., S. 26f.
[9] Bericht der Sachverständigenkommission zur Neuordnung der Parteifinanzen 1984, in: Klein, M./ Falter, J.: a.a.O., S. 40.

Nach den gewalttätigen Auseinandersetzungen an der Startbahn West und dem Aufkommen kleiner militanter Gruppierungen verlor die Umweltbewegung an Unterstützung in der Bevölkerung und begann sich aufzulösen.

Bei der Betrachtung der Neuen Sozialen Bewegungen sollten auch die Friedensbewegung und die Frauenbewegung erwähnt werden. Die Friedensbewegung hat noch ältere Wurzeln als die Umweltbewegung und ist schon seit den 50er Jahren aktiv.[10] Einen größeren Zulauf erhielt sie aber erst durch die Verkündung des NATO-Doppelbeschlusses durch den Deutschen Bundestag 1979. Ähnlich wie die Studentenbewegung damals, verlor auch die Friedensbewegung an Bedeutung als der Bundestag 1983 der Stationierung amerikanischer Mittelstreckenraketen in Deutschland zustimmte. Die Frauenbewegung, die vornehmlich aus den Frauengruppen des SDS hervorging, positionierte sich mit Kampagnen wie „Mein Bauch gehört mir!" und „Ich habe abgetrieben!" gegen die Neuregelung des §218. Aber auch sie konnte das geplante Gesetzesvorhaben nicht verhindern und erlitt einen herben Rückschlag, als das Bundesverfassungsgericht 1975 die Ablehnung der Fristenlösung bekannt gab.[11]

1.2 Entwicklung der Grünen von 1980 – 2002

Als am 12./13. Januar 1980 auf dem sogenannten Karlsruher Gründungskongress die Partei „Die Grünen" gegründet wurde, handelte es sich im eigentlichen Sinne nicht um eine Neu-, sondern um eine Umgründung von der „SPV/ Die Grünen" zu „Die Grünen". Auf diesem Kongress dominierten noch die bürgerlich-konservativen Kräfte und den Delegierten der bunt-alternativen Listen, die im Laufe des Kongresses aus dem Saal auf die Empore verwiesen wurden, versuchte man eine klare Absage zu erteilen:

„Zentralisten gleich welcher Abkunft, haben bei uns keinen politischen Ort (...) Wir wollen keine Melonenpartei – außen grün, innen rot."[12]

Da die Linken aber über eine Sperrminorität verfügten, musste das bürgerliche Lager mit ihnen einen Kompromiss schließen. Die innerparteiliche Richtungsfrage konnte aber hier nicht geklärt werden und stand erst auf dem wenige Monate später stattfindenden Programmkongress in Saarbrücken im Vordergrund.

Einen ersten Achtungserfolg erzielten die Grünen 1982 bei den Landtagswahlen in Hessen, wo man überraschend 8,0% erreichte und Willy Brandt bereits am Wahlabend zum ersten Mal

---

[10] Anm.: In den 50er Jahren begann man mit der Parole „Kampf dem Atomtod" gegen die atomare Aufrüstung zu protestieren, was schließlich zu den berühmten Ostermärschen in den 60ern führte.
[11] Vgl.: Klein, M./ Falter, J.: a.a.O., S. 23.
[12] W.D. Hasenclever auf dem Karlsruher Gründungskongress am 12. Januar 1980, in: Schulte, C.: Die Herkunft der Grünen: Ursachen, Voraussetzungen und Entstehung einer Bewegung, in: Gotto, K./ Veen, H.J. (Hrsg.): Die Grünen – Partei wider Willen, Mainz 1984, S. 30.

von der Möglichkeit „einer Mehrheit diesseits der Union" spricht.[13] Doch nicht zuletzt auch aufgrund des noch höchsten ambivalenten Verhältnissees der Grünen zur Frage nach der Regierungsbeteiligung scheitern die Koalitionsverhandlungen und es kommt zu Neuwahlen. Den Durchbruch schaffte die grüne Partei aber bei der Bundestagswahl am 6. März 1983, wo man 5,6% der Stimmen erhielt und als Fraktion in den Bundestag einzog. Fraktionssprecher wurden Marieluise Beck-Oberdorf, Petra Kelly und Otto Schily. Joschka Fischer wurde parlamentarischer Geschäftsführer.[14]

In Hessen besteht in der Folgezeit ein Tolerierungsbündnis zwischen SPD und Grünen, während Oskar Lafontaine den Grünen im Saarland eine Koalition anbietet. Im Jahre 1985 kommt es schließlich in Hessen doch zu einer rot-grünen Koalition. Zum ersten Mal und nur 5 Jahre nach ihrer Gründung waren die Grünen nun an einer Landesregierung beteiligt, in der Joschka Fischer zum ersten grünen Minister Europas ernannt wurde. Nachdem am 25. Januar 1987 die Grünen erwartungsgemäß wieder in den Bundestag einziehen, zerbricht nur wenige Wochen später die rot-grüne Koalition in Hessen wegen dem Streit um die Atomfrage. Erst zwei Jahre später kommt es dann wieder in Berlin zu einer rot-grünen Regierungskoalition.[15]

Im Zuge des Wiedervereinigungsprozesses wird dann 1989 eine ost-deutsche Grünen-Partei gegründet, die bei der Volkskammerwahl allerdings nur 2% der Stimmen erreichen kann (Bündnis 90: 2,9%). In der Euphorie der Wahlerfolge in Niedersachsen, Nordrhein-Westfalen und Brandenburg wird folgenschwer beschlossen die Zusammenführung der Ost-Grünen mit den West-Grünen erst am Tag nach der Bundestagswahl 1990 zu vollziehen. Vor allem aufgrund der unklaren Position der Grünen zur Wiedervereinigung („Alle reden von Deutschland – Wir reden vom Klima!")[16] verpassen die Grünen mit 4,8% den 3. Einzug in den Bundestag. Vertreten ist aber das ostdeutsche Bündnis zwischen der Bürgerrechtsinitiative Bündnis 90 und den Ost-Grünen, die aufgrund der Splittung der Sperrklausel 8 Sitze im Bundestag erhalten. Die Ereignisse der Jahre 1989/1990 stellen daher in vielerlei Hinsicht eine eindeutige Zäsur in der Geschichte der Grünen dar.[17]

Die Zeit nach 1990 wird zu einer Phase der parteilichen Neuordnung und zumindest auf Landesebene verzeichnen die Grünen weiterhin Erfolge. 1993 wird dann schließlich ein Assoziationsvertrag mit dem ostdeutschen Bündnis 90 geschlossen und die Partei heißt fortan Bündnis 90/ Die Grünen. 1994 schafft die Partei mit 7,3% keineswegs überraschend als

---

[13] Klein, M./ Falter, J.: a.a.O., S. 42.
[14] Bündnis 90/ Die Grünen: Bundespartei 1980 – 1983, in: http://www.gruene-partei.de/rsvgn/rs_rubrik/0,,911,00.htm (3.9.2003)
[15] ebenda.
[16] ebenda.
[17] Vgl.: Kleinert, H.: a.a.O., S. 368f.

7

einzige Partei der deutschen Nachkriegsgeschichte den Wiedereinzug in das Parlament. In der Zeit zwischen 1994 – 1998 kommt es dann zu rot-grünen Koalitionen in Sachsen-Anhalt, Nordrhein-Westfalen, Schleswig-Holstein und Hamburg.

Das bis dahin letzte Kapitel der Grünen begann mit der Bundestagswahl 1998, nach der es zu einer rot-grünen Regierungskoalition auf Bundesebene kam. Die Grünen haben sich im symbolträchtigen Alter von 18 Jahren endgültig von der „Antiparteien-Partei"[18] zur Staatspartei gewandelt.

2. Parteipolitik und Programmatik

<u>2.1 Die innere Entwicklung</u>

Die Entwicklung der Grünen ist von Beginn an geprägt durch innere Grabenkämpfe und Grundsatzdiskussionen. So kann man den Weg der Grünen in 8 bzw. 9 Phasen einteilen, wie auf der Abbildung 1 zu ersehen ist.

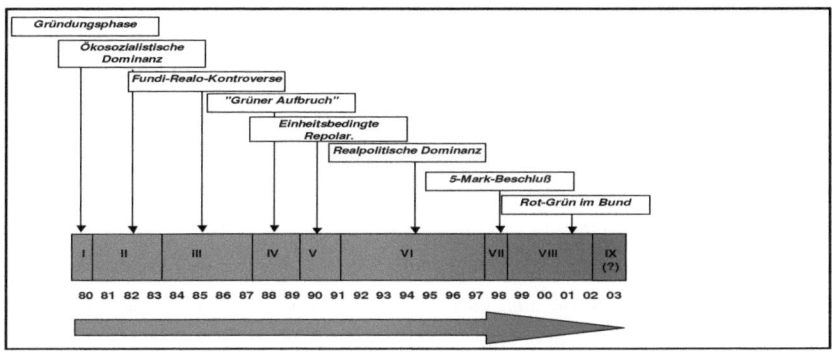

(Abb. 1: Die Entwicklungsphasen der Grünen, aus: Klein, M./ Falter, J.: a.a.O., S. 68.)[19]

In der *Gründungsphase* wurden die Grünen geprägt durch den Kampf um die Vorherrschaft zwischen dem ökolibertären bürgerlichen Lager und dem ökosozialistischen linken Lager. Der erste Grünenvorstand (Gruhl, Haussleiter, Neddermeyer) kam zunächst noch aus den Reihen der bürgerlich-konservativen Mitstreiter. In der Saarbrücker Saarlandhalle, wo man Ende

---

[18] Anm.: Der Begriff „Antiparteien-Partei" wurde zu Beginn der 80er Jahre von Petra Kelly geprägt.
[19] Anm.: Die Einteilung der ersten 6 Phasen geht bereits auf einen früheren Entwurf der Parteienforscher Klein und Arzheimer. Die Phase IX wurde aufgrund der neueren Entwicklung (neues Grundsatzprgroamm, Urabstimmung im Mai 2003), deren Auswirkungen noch abzuwarten bleiben, hinzugefügt. Vgl.: Klein, M./ Arzheimer, K.: Grau in Grau – Die Grünen und ihre Wähler nach eineinhalb Jahrzehnten, in: Kölner Zeitschrift für Soziologie und Sozialpsychologie, Vol. 49, 1997, S. 650 – 673.

März 1980 das erste grüne Grundsatzprogramm entwarf, konnten sich die neueingetretenen Linken in entscheidenden Punkten durchsetzen. Der Durchbruch der Linken kam dann aber erst auf der Dortmunder Bundesversammlung am 21./22. Juni 1980 als Hasenclever erst gar nicht zur Wahl antritt und Herbert Gruhl[20] nicht mehr in den Vorstand gewählt wird.[21]

Nach der Dortmunder Versammlung begann die Phase der *ökosozialistischen Dominanz*, welche sich an der Wahl Rainer Tramperts (ein ehemaliges Mitglied des Kommunistischen Bundes (KB) in Hamburg) in den Bundesvorstand manifestiert. Die Ökosozialisten sahen die Umweltfrage als ein Produkt der kapitalistischen Missverhältnisse an.[22]

Als schließlich am 1. Oktober 1983 die hessischen Grünen beschlossen mit der SPD Koalitionsverhandlungen aufzunehmen, öffnete sich in der Partei eine neue Spannungslinie, quer zum bestehenden traditionellen Links-rechts-Konflikt: der *Fundi-Realo-Konflikt*. Es ging um die Frage der Regierungsbeteiligung und dem grundsätzlichen Umgang mit der parlamentarischen Demokratie. Während die Realos eine ökologische Reform innerhalb des Systems anstrebten, vertraten die Fundis eine gesinnungsethnische Fundamentalopposition zum bestehenden Regierungssystem. In diesen Grabenkämpfen zeigt sich schon das gesamte Dilemma der Grünen: auf der einen Seite lehnte man die bestehenden Spielregeln der parlamentarischen Demokratie ab, während man auf der anderen Seite durch die selbstgewählte Organisationsform einer Partei Teil des Systems war.[23] Mit anderen Worten: man war Partei wider Willen!

Als die innerparteiliche Fundi-Realo-Kontroverse mit der Aufforderung der Realos zum „Kampf um die Partei" auf ihrem Höhepunkt angelangt war, gründete sich 1988 die um Vermittlung bemühte Gruppierung *„Grüner Aufbruch"*, was die vierte Phase der Parteientwicklung kennzeichnete. Diese Gruppe um Antje Vollmer und Ralf Fücks versuchten einen dritten Weg zwischen Realos und Fundis aufzuzeigen, was man aber bald aufgab und sich auf Seiten der Realos schlug. So ist die tatsächliche politische Substanz dieser Aufbruchsbewegung eher als gering einzuschätzen. Der Fundi-Vorstand stolperte eher über sich selbst. Dazu Kleinert:

> „Die Abwahlentscheidung [des Vorstands Anm. d. A] war weniger ein Sieg für Realos und Aufbruch, sie war vor allem eine verheerende Niederlage des alten grünen Fundamentalismus."[24]

---

[20] Anm.: In der Zeit nach der Bundesversammlung traten viele Ökolibertäre aus der Partei aus. Hasenclever arbeitet heute für die FDP-Bundestagsfraktion und Gruhl gründete später die öko-konservative ÖDP.
[21] Klein, M./ Arzheimer, K.: a.a.O. , S. 655
[22] ebenda.
[23] Eisel, S.: Zum Demokratieverständnis der Grünen, in: Gotto, K./ Veen, H.J.: a.a.O., S. 85.
[24] Kleinert, H.: a.a.O., S. 96.

Die deutsche Wiedervereinigung führte dann aber im folgenden zu einer *einheitsbedingten Repolarisierung*. Besonders bedeutungsträchtig für diese Zeit sind die Forderungen des Parteilinken Jürgen Reents, der einen Zusammenschluss mit der PDS zu einem „Linksbündnis" forderte. Die Niederlage nach der Bundestagswahl verschärfte die alten ideologischen Gegensätze wieder.[25]

Diese erneuten Grabenkämpfe endeten mit dem Austritt Jutta Ditfurths und 300 selbsternannten Radikalökologen im Mai 1991, was die Phase der *realpolitischen Dominanz* einläutete. Es folgten die bislang ruhigsten Jahre, was die inneren Grundsatzdiskussionen anbelangte. In Bremen kam es zur bis dato ersten Ampelkoalition und in Baden-Württemberg wurde von Ministerpräsident Teufel eine öffentliche Debatte über eine schwarz-grüne Koalition angeregt. Der heutige Ex-Grüne Hasenclever formulierte es in einer Jubiläumsschrift zum 10jährigen Geburtstag der Grünen folgendermaßen:

„Die Grünen sind eine stinknormale Partei geworden"[26]

Die Grünen schienen nun endgültig eine realistische Reformpartei zu sein und mit dem System ihren Frieden geschlossen zu haben. Der im Wahlprogramm 1998 formulierte *5-DM-Beschluß* zur Erhöhung der Mineralölsteuer und die Ablehnung des Bosnien-Einsatzes der Bundeswehr brachte die Grünen in der Perzeption der öffentlichen Meinung aber doch noch einmal in die Nähe der Fundis.[27] Die Quittung erfolgte prompt: nur 6,7% bei der Bundestagswahl 1998. Jedoch kam es nun zur Ablösung der Regierung Kohls und dem ersten rot-grünen Bündnis auf Bundesebene.

In der vorerst letzten Phase *Rot-Grün im Bund* kam es zu weiteren innerparteilichen Auseinandersetzungen. Im Anschluss an den Bielefelder Parteitag im Mai 1999, als es wegen des Kosovo-Krieges zu der berüchtigten Farbbeutelattacke auf Joschka Fischer kam, gründeten sich die Regenbogen-Initiative und Basisgrün, die bei der Europawahl sogar dazu aufriefen nicht grün zu wählen und vorgaben die „wahren" Interessen der Partei vor der sich angeblich entfernenden Parteielite zu vertreten. Als Reaktion darauf meldete sich die nun mittlerweile schon zweite Generation um die Abgeordneten Özdemir, Göring-Eckardt, Berninger, Deligöz und Al-Wazir (genannt die „Jungen Milden") mit ihrem Thesenpapier „Die Grünen haben eine zweite Chance verdient" zu Wort:

„Schluss mit den Geschichten von '68: (...) Erwartet nicht von uns Jungen, dass wir so sind wie ihr. Ihr wart ja schließlich auch nicht wie eure Eltern. Ja, ihr wart für ein anderes System. Ja, ihr habt den ebenso wackeren wie erfolglosen Kampf mit dem Kapital geführt. Ja, für euch waren Unternehmer Bestandteile des Reichs des Bösen. Das war damals

---

[25] Klein, M./ Arzheimer, K.: a.a.O., S. 657f.
[26] Hasenclever, W.D.: Die Grünen sind ein stinknormale Partei geworden, in: Schroeren, M.(Hrsg.): Die Grünen – 10 bewegte Jahre, Wien 1990, S. 135.
[27] Klein, M./ Falter, J.: a.a.O., S. 63.

falsch, es ist es noch heute und eigentlich wisst ihr das ja auch. (...) Für uns stellte sich die Systemfrage nur kurz, dann war für uns klar, dass wir ja zu diesem System sagen, obwohl wir seine Fehler erkennen und beheben wollen."[28]

2.2 Programmatik

Wie alle Parteien hatten auch die Grünen von Beginn an langfristige Ziele und Weltanschauungen, welche sie mit ihren Wählern durchsetzen wollten. Dies spiegelte sich in den beiden Parteiprogrammen von 1980 und 2002 wider.[29] Die Grünen waren immer auch Programmpartei, was heißt, dass ihre Programme stets einen hohen Stellenwert hatten; nicht zuletzt auch als Mittel der Selbstdefinition.

So heißt es in der Präambel des Saarbrücker Grundsatzprogramms von 1980, welches 22 Jahre bestand:

> „Wir werden uns nicht an einer Regierung beteiligen, die den zerstörerischen Kurs fortführt. (...) Unsere Politik (...) orientiert sich an vier Grundsätzen: sie ist ökologisch, sozial, basisdemokratisch und gewaltfrei."[30]

Hier schlägt im ersten Satz noch ganz klar die kategorische Systemopposition oder auch das Selbstverständnis als Antiparteien-Partei zu Buche, welche die radikalen Lager der Grünen in der Anfangsphase kennzeichnete.

Die vier Schlagwörter im zweiten Satz bilden die von Rudolf Bahro bereits 1979 definierten „grünen Säulen"[31]. *Ökologisch* heißt hier gegen den Raubbau an der Natur und für eine Partnerschaft zwischen Mensch und Natur einzutreten. Umweltschutz war die wichtigste Säule der Grünen in den 80er Jahren. Die Säule *„Sozial"* war weitgehend von marxistischem Vokabular geprägt. Man war gegen Preissteigerungen und staatliche Subventionen, gegen die „wirtschaftliche Ausbeutung der Arbeiter", gegen die Wirtschaftselite und gegen die „reale Verarmung" (trotz steigendem Einkommen, weniger Naturgenuss). Auch der Minderheitenschutz nahm hier schon einen wichtigen Stellenwert ein.[32] Mit der Forderung nach *Basisdemokratie* trat man für eine dezentrale und direkte Demokratie ein, bei der autonome Basiseinheiten auf lokaler Eben agierten. Weiterhin war man für die Einführung von Volksentscheiden. Bei dem Schlagwort *gewaltfrei* galt der Grundsatz:

---

[28] Basisgrün: Bündnis 90/ Die Grünen haben eine zweite Chance verdient, in:
http://www.basisgruen.de/gruene/bund/allgemein/zweite-chance.htm (3.9.2003)
[29] Anm.: Man sollte nicht außer Acht lassen, dass zur Programmatik einer Partei nicht das Grundsatzprogramm gehört, sondern ebenso Beschlüsse der Parteiversammlungen, Kampagnenprojekte, politische Erklärungen, Wahlkampfprogramme oder realpolitisches Handeln. Hier sollen aber nur die beiden Grundsatzprogramme betrachtet werden.
[30] Die Grünen: Das Bundesprogramm 1980, Köln 1980.
[31] Vollmer.A.: Das Privileg der ersten, viele Fehler zu machen – Gründe für den Niedergang, in: Fücks, R.: Sind die Grünen noch zu retten?, Hamburg 1991, S. 12.
[32] Die Grünen: Das Bundesprogramm 1980, Köln 1980.

„Humane Ziele können nicht mit inhumanen Mitteln verteidigt werden"[33]

Diese Säule war als Reaktion auf die gewaltsamen Ausschreitungen bei den AKW-Protesten zu verstehen. Der Begriff *Gewaltfreiheit* wurde auch auf das Handeln der Staaten bezogen. Er sollte grundsätzlich und uneingeschränkt zwischen allen Menschen gelten, jedoch war als Ausnahme der soziale Widerstand erlaubt. Unter diesem Punkt wurden ausdrücklich Aktionsformen wie Sitzstreiks, Wegesperren oder Behinderungen von Fahrzeugen legitimiert.

Das Grundsatzprogramm 1980 lässt seinen Charakter als Kompromiss-Papier deutlich erkennen, ebenso ist es im Detail noch sehr unreif und sogar widersprüchlich. Unter dem Kapitel II.5 Steuern, Währung und Finanzen fand der interessierte Leser zum Beispiel 22 Jahre lang den selben Satz: „Dieses Kapitel wird noch überarbeitet."[34]

Ein wichtiger Zwischenschritt zum neuen Programm stellt der 1993 im Zusammenhang mit dem Assoziationsvertrag mit Bündnis 90 erstellte Grundkonsens dar. Hier werden die grünen Grundwerte um zwei weitere ergänzt und wie folgt hierarchisiert: *Menschenrechte, Ökologie, Demokratie, Soziale Gerechtigkeit, Gleichstellung von Mann und Frau, Gewaltfreiheit*. Dass der Begriff Menschenrechte nun der Ökologie vorgeht ist auf den Zusammenschluss mit der ostdeutschen Bürgerinitiative Bündnis 90 zurückzuführen.[35]

In der Präambel des Grundsatzprogramms von 2002 heißt es rückblickend:

„Man steigt nicht zweimal in den selben Fluss. Verändert hat sich seit unserem Grundsatzprogramm von 1980 nicht nur die Welt um uns herum. Auch wir haben uns verändert. (...) Inzwischen sind wir nicht mehr „Anti-Parteien-Partei", sondern die Alternative im Parteiensystem."[36]

Das neue Grundsatzprogramm ist politisch wesentlich ausgereifter und scheint seinen Frieden mit dem „System" gemacht zu haben. Es zeichnet sich weniger durch ein dramatisierendes Aufzeigen der bestehenden Missstände auf, sondern eher durch ein positives „Nachvornedenken". Der Begriff *Ökologie* steht nun wieder an erster Stelle und dreht sich um das Nachhaltigkeitskonzept, welches im übrigen auch auf andere Politikbereiche angewendet

---

[33] ebenda.
[34] ebenda.
[35] Klein, M./ Falter, J.: a.a.O., S. 77f.
[36] Bündnis 90/ Die Grünen: Die Zukunft ist grün – Grundsatzprogramm, Berlin 2002, S. 21.

wird. Die *soziale* Säule sucht man im neuen Programm vergebens. An ihrer Stelle stehen der liberal geprägte Begriff der *Selbstbestimmung* und das Konzept der *Gerechtigkeit*. Weiter ist nicht mehr von Basisdemokratie die Rede, sondern es heißt nun: „Demokratie ist die Basis"[37]. Die bestehende parlamentarische Demokratie wird generell akzeptiert, soll am aber um direkte bzw. plebiszitäre Elemente erweitert werden. Die Werte *Menschenrechte* (hauptsächlich UN-Menschenrechtscharta) und *Gewaltfreiheit* gehören nicht mehr den Grundsäulen an, sondern bilden den gesinnungsethnischen Unterbau dieser. Interessant ist die Ausführung zum Punkt *Gewaltfreiheit*, wo kriegerische Handlungen explizit nicht mehr ausgeschlossen werden:

> „Wir wissen aber auch, dass sich die Anwendung rechtsstaatlich und völkerrechtlich legitimierter Gewalt nicht mehr ausschließen lässt."[38]

Alles in allem ist das neue Programm wesentlich weniger provokativ und kein bunt zusammengewürfeltes Kompromisspapier mehr wie noch zwei Jahrzehnte zuvor, sondern ein modernes und argumentativ ausgefeiltes politisches Konzept.[39]

3. Parteiorganisation

3.1 Die ursprünglichen Prinzipien grüner Parteiorganisation

Die Grünen waren in Ihrer Anfangszeit darum bemüht ein politisches Gegenkonzept zu den bereits etablierten Parteien zu definieren. So versuchte man die basisdemokratischen grünen Grundsätze direkt in die Parteiorganisation hineinzutragen, um dort im kleinen ein alternative Gegenwelt aufzuzeigen. Zwar werden die Parteien in Deutschland durch das Recht definiert und eingegrenzt, man denke nur an den Art. 21 (1) des Grundgesetzes, jedoch hat jede Partei ihre jeweils typische Organisationskultur, was wiederum die Identifikation der Mitglieder mit der Partei fördert.[40]

In der Organisation der Grünen spiegeln sich die basisdemokratische Grundüberzeugung und ihre Herkunft als Bewegung wider. Hier zeigt sich gleich die bereits erwähnte Ambivalenz zum Begriff Partei. Der Begriff Partei taucht im Gegenteil zu allen anderen Bundestagsparteien nicht im Namen der Partei auf. So bemerkt Raschke 1993, dass die Grünen sich mit dem Parteienprinzip nie wirklich abgefunden haben.[41]^Sieht man von der

---

[37] ebenda.
[38] ebenda.
[39] Klein, M./ Falter, J.: a.a.O., S. 85.
[40] Alemann, U.v.: Das Parteiensystem der Bundesrepublik Deutschland, Opladen 2003, S. 129f.
[41] Vgl.: Raschke, J.: Die Grünen – Wie sie wurden, was sie sind, Köln 1993

diffusen Bezeichnung Petra Kellys der Grünen als Antiparteien-Partei[42] ab, dann zeigt sich Parteiendilemma in den Worten Rudolf Bahros zur Begründung seines Austritts 1986:

> „Ich habe endlich verstanden, dass eine Partei ein kontraproduktives Werkzeug ist, dass der gesetzte politische Raum eine Falle ist, in dem die Lebensenergie verschwindet!"[43]

Dieser Widerspruch zwischen Identität und Wandel bzw. Effizienz wird von Raschke als ein Grundproblem der Grünen beschrieben.

Neben einigen terminologischen Besonderheiten – das Amt des Parteivorstands heißt SprecherIn, die Parteitage Bundesdelegiertenkonferenzen (BDK) – wurden in der Gründungsphase der Partei folgende Elemente in die Organisationsform der Grünen eingebracht. Die Grundsätze dabei waren: direktdemokratische Elemente, dezentrale Parteiorganisation, Transparenz und die Verhinderung von Parteieliten. Im Parteiprogramm von 1980 wird der Kerngedanke der Basisdemokratie wie folgt zusammengefasst:

> „Kerngedanke ist dabei die ständige Kontrolle aller Amts- und Mandatsinhaber und Institutionen durch die Basis (Öffentlichkeit, zeitliche Begrenzung) und die jederzeitige Ablösbarkeit, um Organisation und Politik durchschaubar zu machen und um der Loslösung einzelner von ihrer Basis entgegen zu wirken."[44]

So waren anfangs alle Parteiämter ehrenamtlich, um das aufkommen des Typus „Berufspolitiker" zu vermeiden. Parteipolitik sollte allein aus Überzeugung und Idealismus gemacht werden. Daran gebunden war das Prinzip der kollektiven Führung. Man wollte mit aller Macht die Konzentration von zu viel politischer Macht in einer Person verhindern. So bestand der Parteivorstand ursprünglich aus drei SprecherInnen, die von der BDK gewählt werden. Dies war natürlich auch im höchsten Maße als Kompromisslösung zur Beteiligung der unterschiedlichen Strömungen in der Partei geeignet. Später in den 80ern wurde der Vorstand stets von den Fundis dominiert, weshalb sich das reformpolitische Lager andere Einflussmöglichkeiten suchen musste.[45] Mit der kollektiven Führung war das Prinzip der einmaligen Wiederwahl verbunden, welches besagte, dass gegenwärtige Amtsinhaber nur einmal in ihr Amt wiedergewählt werden dürfen. Weitere Prinzipien sind die das „Verbot der Ämterhäufung", das „Konsensprinzip" und das „Prinzip der Öffentlichkeit aller Sitzungen.[46]

---

[42] Kelly, P.: Wir sind die Antiparteien-Partei, in: Der Spiegel, 14.6.1982.
[43] Bahro, R.: Rede auf dem Hagener Parteitag 1986, in: Raschke, J.: a.a.O.
[44] Die Grünen: Das Bundesprogramm 1980, Köln 1980, S. 5.
[45] Veen, H.J./ Hoffmann, J.: Die Grünen zu Beginn der neunziger Jahre – Profil und Defizite einer fast etablierten Partei, Bonn/ Berlin 1992, S. 28f.
[46] Veen, H.J./ Hoffmann, J.: a.a.O., S. 26.

Unter diesem Hintergrund sind auch die wohl bekanntesten Prinzipien grüner Parteiorganisation zu sehen: die „Ämter-Rotation", das „imperative Mandat" und die „Trennung von Amt und Mandat". Das Rotationsmodell sah vor, dass die Abgeordneten nach der Hälfte der Zeit ihr Mandat abgeben mussten, was nicht nur innerparteilich höchst umstritten war, sondern auch verfassungsrechtlich bedenklich.[47] Dieses Verfahren erwies sich von Anfang an als äußerst impraktikabel, da die grünen Abgeordneten in den ihnen zur Verfügung stehenden 2 Jahren kaum Zeit hatten sich politisch zu entfalten. Vor allem die Einarbeitungszeit in die Arbeitsweisen des Bundestags wurden unterschätzt. Die Abstimmung der Ausscheidenden mit den Nachrückern war eher schlecht. Die Nachrücker brachten auch bei weitem nicht mehr so viele bekannte Persönlichkeiten wie die Mandatsträger der ersten Generation (z.B. Fischer, Schily, Kleinert, Nickels, Vollmer, Kelly)[48] Das „imperative Mandat" entspringt den rätesozialistischen Demokratievorstellungen und läuft dem Grundgesetz (Art. 38(1) GG, Art. 21(1) GG) nicht minder zuwider wie das „Ämter-Rotations"-Verfahren. Es besagte, dass der grüne Abgeordnete immer an die Weisungen der Basis gebunden war, die er repräsentieren sollte. In der Praxis erlangte das imperative Mandat allerdings nie große Relevanz, da seine Durchführbarkeit mit der vollständigen Kontrolle aller Abgeordneter verbunden wäre, wozu die grüne Parteibasis nie in der Lage gewesen wäre. Zusätzlich war an dieses Prinzip das Prinzip der Diätenbegrenzung gebunden, welches vorschrieb, dass ein MdB einen Teil seiner Diäten an die Partei abführen musste. Dies wurde folgerichtig als versteckte Parteifinanzierung kritisiert. Es diente lediglich als Drohinstrument gegen die machtpolitischen Ambitionen einiger Abgeordneter. Die „Trennung von Amt und Mandat" besagt, ist vergleichbar mit dem „Verbot der Ämterhäufungen" und soll bewirken, dass ein grünes MdB kein anderes Parteiamt innehaben darf. Damit sollten in erster Linie Machtkonzentrationen vermieden werden. Aufgrund des strikten Befolgens dieses Prinzips mussten Parteiämter aufgrund der dünnen Personaldecke zunehmend mit unterqualifizierten Mitgliedern besetzt werden, was den politischen Betrieb in seiner Effizienz hemmte.[49]

3.2 Entwicklung und Stand der Parteiorganisation heute

Im Spannungsfeld zwischen Identität und effizienzsteigernder Strukturreform wurden alle genannten grünen Parteiprinzipien zum Gegenstand heftiger Debatten. Mit Ausnahme der kollektiven Führung, welche aber auf zwei SprecherInnen reduziert wurde und des

---

[47] Anm.: Das Rotationsprinzip steht in einem nicht übersehbaren Konflikt mit dem Art. 38(1) GG, welcher ausdrückt, dass die Abgeordneten nur ihrem Gewissen unterworfen sind und keinen Weisungen unterliegen.
[48] Veen, H.J./ Hoffmannm, J.: a.a.O., S. 34f.
[49] Vgl.: Veen, H.J./ Hoffmann, J.: a.a.O., S. 35f.

Frauenstatuts, gehören die beschriebenen Besonderheiten der Grünen Parteiorganisation faktisch der Vergangenheit an.[50]

Einige Prinzipien wie das „imperative Mandat" und das „Konsensprinzip" scheiterten an der Unmöglichkeit ihrer Durchführung und erlangten substanziell nie größere Bedeutung. Das Prinzip der „Ämter-Rotation" geriet schon in der ersten Legislaturperiode ins Visier der Kritik. Aufgrund der in 3.1 angesprochenen Nachteile und der damit verbunden hohen Personalfluktuation, wurde das Rotationsverfahren schon früh von der sogenannten „Querrotation" unterwandert. „Querrotation" meint, dass die betroffenen Politiker nicht mehr zurück in Parteibasis kehrten (horizontale Rotation), sondern in andere adäquate Positionen wechselten. Bei Politikern, die 2 Jahre lang gute Arbeit geleistet hatten, stellte sich ein Gefühl der Demütigung ein und so weigerte sich Petra Kelly 1985 anfänglich ihr Mandat aufzugeben. Die Rotation wurde zu Beginn der 11. Wahlperiode in den meisten Landesverbänden aufgegeben. Viele andere Prinzipien wurden in einer groß angelegten Strukturreform Anfang der 90er aufgehoben.[51]

Das letzte „ur-grüne" Prinzip, nämlich die „Trennung von Amt und Mandat", wurde nachdem dahingehende Entwürfe auf den Bundesdelegiertenversammlungen in den Jahren zuvor immer wieder an den erforderlichen Mehrheiten gescheitert sind, im Mai 2003 in einer Urabstimmung mit knapper 2/3 Mehrheit so gut wie aufgehoben. In der geänderten Satzung heißt es nun, dass 2 der üblicherweise 6 Vorstandsmitglieder einer parlamentarischen Versammlung angehören dürfen.[52] Vorausgegangen war u.a., dass die grünen Minister vor der Bundestagswahl 2002 eine Vereinbarung, nach der sie im Falle einer erfolgreichen Wiederwahl ihre Bundestagsmandate aufgeben würden, nicht befolgten. Damit wurde die bestehende Regelung bereits vor der Satzungsänderung faktisch unterlaufen.

Bezeichnend für diesen Anpassungsprozeß der Grünen an konventionelle Parteistrukturen sind die Worte Joschka Fischers in einem Spiegel-Interview aus dem Jahre 1999:

> „Wir müssen uns endlich als Partei organisieren, mit einem oder einer Vorsitzenden statt Doppelsitz, mit zwei, drei oder meinetwegen auch vier Stellvertretern, mit einem Präsidium, einem Vorstand, in dem die Landesverbände vertreten sind, mit Geschäftsführerin und Geschäftsführer. Und zwar von der Kreis bis zur Bundesebene. Sonst verlieren wir unsere Kampagnenfähigkeit"[53]

---

[50] Vgl.: Bündnis 90/ Die Grünen: Grüne Regeln – Satzung des Bundesverbandes, Berlin 2003
[51] Veen, H.J./ Hoffmann, J.: a.a.O., S. 36.
[52] Vgl.: § 14 Bundesvorstand (4) der Satzung des Bundesverbandes, Änderung vom 23. Mai 2003
[53] Fischer, J. in einem Spiegel-Interview über die Erneuerung der Partei, in: Der Spiegel, Vol. 7, 1999.

4. Parteisoziologische Aspekte

4.1 Mitgliederstruktur

Die Mitgliederstruktur der Grünen war über die Jahre hinweg aufgrund der erbitterten Grabenkämpfe keineswegs konstant. Die Partei war immer geprägt durch eine hohe Zahl von Parteiaustritten und Parteieintritten.

Prozentuale Mitgliederveränderung der Grünen von 1983 - 2003

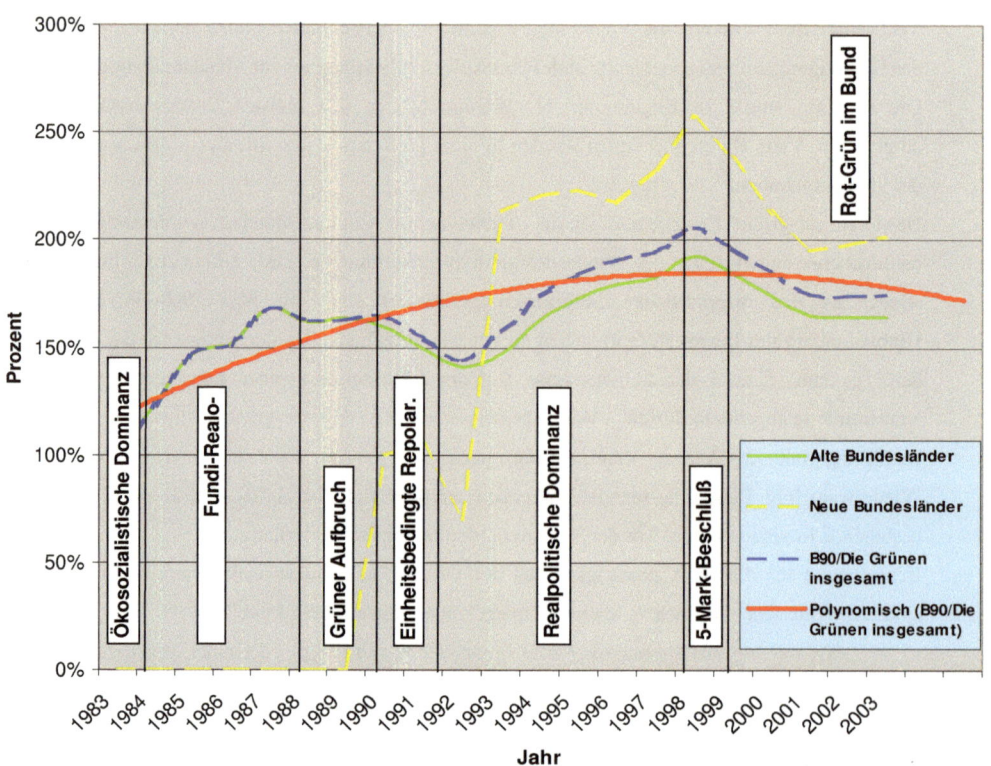

(Abb. 2: eigene Erstellung, Datenquelle: Bundesgeschäftsstelle Bündnis 90/ Die Grünen, Berlin 2003)

Die Mitgliederzahlen haben sich derzeit auf etwa 48.000 stabilisiert, wovon aber nur 6%-7% aus Ostdeutschland stammen. Weiter muss man beachten, dass die zugrundeliegenden Daten lediglich Saldi sind und somit nichts über die tatsächliche Mobilität der Mitglieder aussagen. Dem scheinbar mäßigen Rückgang der Mitgliederzahlen liegt so in der Phase der einheitsbedingten Repolarisierung eine sehr hohe Zahl von Parteiaustritten zugrunde, die zu Teilen von einer großen Zahl von Parteieintritten kompensiert werden konnte. Wenn man sich die Trendlinie betrachtet, dann scheint es, dass die Grünen ihren Höhepunkt bereits überschritten haben und die heutigen Mitgliederzahlen mittelfristig leicht rückläufig sind. Aber nicht nur die Mitgliederzahlen sind Veränderungen unterworfen, sondern auch das Sozialprofil der Mitglieder. In den 80ern waren über die Hälfte der Mitglieder zwischen 18-29 Jahren alt. Betrachtet man die Gruppe der 18 – 39 jährigen, dann stellen diese sogar ca. 80% der Mitgliedschaft. Ein Drittel der Mitglieder waren Frauen, was deutlich über dem Frauenanteil der anderen Parteien lag. Von den Mitgliedern sind 30% im Dienstleistungssektor tätig, 30% in Ausbildung und 40% Prozent aller Mitglieder hat einen akademischen Abschluss. Daher wurden und werden die Grünen auch zu recht als „Akademikerpartei" bezeichnet.[54]

Die Altersverteilung hat sich im Jahr 1998 deutlich verändert. Nur noch 45% der Mitglieder waren jünger als 41 Jahre. Mehr als die Hälfte sind mittlerweile älter als 40 Jahre.[55] Damit hat Bündnis 90/ Die Grünen zwar immer noch die jüngste Parteistruktur aller Parteien, von einer Partei der Jugend kann man aber nicht mehr sprechen. Folglich sind heute nur noch 5% der Mitglieder in der Ausbildung und 75% erwerbstätig. Von den erwerbstätigen Grünen sind fast die Hälfte (48%) im öffentlichen Dienst angestellt. Gleichgeblieben ist alleine der hohe Frauenanteil, der heute bei 37,3% liegt.[56] Interessant ist auch das Faktum, dass nur noch 44% der Mitglieder bereits vor 1990 der Partei beigetreten sind. Viele sind demnach mit dem Sieg der Realos in die Partei gekommen und somit stellen die Realos heute mit 53% im Vergleich zu 11% Fundis den größten innerparteilichen Flügel dar.[57]

4.2 Wählerstruktur

Die Wählerstruktur ist bezüglich ihres Sozial. und Alterprofils ein Spiegelbild der Mitgliederstruktur. Im Zusammenhang mit der Wählerstruktur stellt sich aber zunächst einmal die Frage nach der Typologisierung der Grünen. Folgt man den Ausführungen von Lepsius dann werden Parteien als „politischer Aktionsausschüsse" der verschiedenen Sozial-Milieus

---

[54] Angaben aus: Veen, H.J./ Hoffmann, J.: a.a.O., S. 117.
[55] Anm.: In diesem Zusammenhang haben Bürklin/ Russel die Metapher vom „Ergrauen der Grünen" entwickelt. Vgl.: Bürklin, W./ Russel, J.D.: Das Ergrauen der Grünen, in: Klingemann, H.D./ Kaase, M. (Hrsg.): Wahlen und Wähler – Analysen aus Anlass der Bundestagswahl, Opladen 1990
[56] Angabe des Frauenanteils für das 1. Quartal 2003, Quelle: Bundesgeschäftsstelle Bündnis 90/ Die Grünen, Berlin 2003.
[57] Angaben aus der Potsdamer Parteimitgliederstudie von 1998 von Bürklin, W., in: Klein, M./ Falter, J.: a.a.O., S. 102.

verstanden.[58] Eine Einordnung in die von Lepsius definierten Sozial-Milieus ist aber nicht mehr möglich. Gleichzeitig fällt die Gründung der Grünen in eine Zeit, in der die etablierten Parteien immer mehr ihre Milieuanbindung verlieren und sich gleichzeitig ideologisch annähern.[59] Zusätzlich begünstigt durch den stattfindenden Wertewandel kann man nun folgern, dass die Grünen es ganz im Sinne einer „demokratischen Integrationspartei" geschafft haben ein exklusiv von ihnen angesprochenes links-alternatives Milieu anzusprechen. Daher wurde ihr auch - entgegen der negativen Einschätzungen der in der Einleitung erwähnten Pessimisten – ein zumindest mittelfristiges Überleben im Parteiensystem Deutschlands vorausgesagt, da sie eine stabile und konsistente Wählerbasis hat. So schreibt Veen bereits 1988 rückblickend:

> „Schon kurz nach der Bundestagswahl 1983 ergaben eingehende empirische Untersuchungen, dass die Grünen weit mehr als nur Umweltschutzbewegung oder ein bloßes „Sammelbecken politischen Protests" sind"[60]

Zur Klarstellung muss gesagt werden, dass die Grünen trotzdem eine Protestpartei waren, obwohl sich ihre Funktion darauf nicht beschränkte. Die Grünen sind demnach also nicht wie vereinzelt auftretende monothematische Protestparteien, aufgrund ihrer Programmatik oder eines charismatischen Führers entstanden, sondern sie sind ein Produkt des Phänomens der Entstehung eines neuen post-industriellen und links-alternativen Milieus in Deutschland.

Wie bereits angesprochen haben Bürklin/ Russel 1994 den Begriff vom „Ergrauen der Grünen" geprägt. Damit ist gemeint, dass die Wähler und Mitglieder der Grünen das Phänomen einer bestimmten Generation sind (Ein-Generationenmodell), die biologisch bedingt immer älter wird. Diese These haben Klein/ Arzheimer 1997 versucht zu differenzieren. Sie kommen dabei zu dem Ergebnis, dass sich bei den Grünen verschiedene Wählerstrukturen überlagern.[61] Dass die Grünen auch das Phänomen einer bestimmten Generation sind und sich ein derartiger Kohorteneffekt unter den Wählern nachweisen lässt, halten Klein/ Arzheimer zwar für richtig, aber noch nicht für ausreichend im Sinne einer genaueren Deutung der Wählerstruktur. Vielmehr vertreten sie die These, dass der Zuwachs an älteren Wählern auch und vor allem vom programmatischen Wandel der Grünen herzuleiten ist. Dieser hat es ab der Phase der realpolitischen Dominanz geschafft hat, mehr ältere Menschen anzusprechen. Auch muss man bedenken, dass nicht nur die Wähler der Grünen altern, sondern, dass auch die deutsche Gesellschaft insgesamt sich in einem

---

[58] Alemann, U.v.: a.a.O., S. 106f.
[59] ebenda.
[60] Veen, H.J.: Die Grünen als Milieupartei, in: Maier, H. et al. (Hrsg.): Politik, Philosophie, Praxis – Festschrift für Wilhelm Hennis zum 65. Geburtstag, Stuttgart 1988, S. 458.
[61] Klein, M./ Arzheimer, K.: a.a.O., S. 670f.

Alterungsprozess befindet. Die These der alternden APO-Generation muss ebenfalls im Hinblick auf die Entwicklung der Grünen in Ostdeutschland kritisch gesehen werden, da es dort nie eine APO-Generation gegeben hat. Diese Thesen werden schließlich überlagert von lebenszyklischen Effekten. Dies bedeutet, dass der Stimmenanteil der Wähler mit zunehmendem Alter nach wie vor nachlässt und die Grünen immer zu einem großen Teil die Generation der jungen (noch) nicht-integrierten Auszubildenden vertritt. Deren Stimmenanteil hat mit dem Eintritt der Grünen in die rot-grüne Regierungskoalition allerdings deutlich nachgelassen, da die Grünen nun ihre Funktion als Protestpartei abgeben mussten.[62]

Schaut man sich weiterhin die Verortung der grünen Wähler im politischen Wettbewerbsraum an. So lassen die in diesem Zusammenhang erstellen Affinitätsdifferentiale, welche einen zweidimensionalen politischen Raum aufzeigen (links-rechts, libertär-autoritär), eine gegenläufige Entwicklung in Ost- und Westdeutschland erkennen. Die „links-rechts"-Achse soll sich in diesem besonderen Zusammenhang nur auf wirtschaftspolitische Fragen beziehen und nicht auf die politische Gesinnung. Dabei zeigt sich für die alten Bundesländer, dass die grünen Wähler 1980 links außen starteten und im Jahr 2000 bereits auf der rechten Seite angekommen sind. In Ostdeutschland kann man eine exakt gegenläufige Tendenz beobachten. Hier standen die Wähler 1990 auf der rechten Seite und sind in den Folgejahren immer weiter nach Links gerückt. Dies ist aber wahrscheinlich kein spezielles grünes Problem, sondern drückt die generelle Rückbesinnung in Ostdeutschland auf sozialistische Ordnungspräferenzen aus. In Bezug auf die Werteachse bleiben die Wähler aber in beiden Teilen Deutschlands stabil im libertären Bereich.[63]

---

[62] Klein, M./ Falter, J.: a.a.O., S. 153f.
[63] Klein, M./ Falter, J.: a.a.O., S. 174.

Fazit

Betrachtet man die heutigen politischen und gesellschaftlichen Rahmenbedingungen von Bündnis 90/ Die Grünen, so sollte man die eingangs postulierte Dauerkrise der Grünen etwas differenzierter betrachten. Wenn man auf den Wandel der Grünen von der Antiparteien-Partei zum Regierungspartner schaut, dann scheint die Geschichte der Grünen eine „Erfolgsstory" zu sein. Bei der letzten Wahl konnten sie ihr bislang bestes Ergebnis auf Bundesebene erzielen und sind nun schon in der zweiten Wahlperiode Regierungspartei. Abgesehen davon, dass viele Grün-Wähler 2002 keine ausgewiesenen Grünen waren, sondern für die rot-grüne Regierung votierten, relativiert sich dieser Optimismus wenn man sich die innere Entwicklung der Grünen betrachtet. Dort ist zu sehen, dass die Grünen zunächst von der Profillosigkeit der etablierten Parteien profitiert haben und dann bis weit in die 90er hinein von teils erbitterten internen Flügelkämpfen geprägt waren. Heute stehen die Grünen selbst vor dem Problem der Definition ihres eigenen Profils, wenn man hinterfragt, welche Regierungshandlungen denn nun in den vergangen 5 Jahren die klar erkennbare grüne Handschrift trugen. Das typisch grüne Profil, welches man anfangs versuchte in die Parteiorganisation hineinzutragen, ist (sicherlich aus guten Gründen) fast vollständig dem Typus einer modernen, professionellen und relativ konventionell strukturierten Partei gewichen. Programmatisch können die Grünen sich nicht mehr auf die Themen der alten sozialen Bewegungen stützen und müssen sich neu orientieren, was im Grundsatzprogramm 2002 im Hinblick auf das Nachhaltigkeitskonzept und das Aufgreifen des Globalisierungsthemas versucht wurde. Obwohl die Tendenzlinie leicht nach unten zeigt, scheinen die Mitgliederzahlen momentan noch relativ stabil zu sein. Dabei muss bedacht werden, dass die Partei aufgrund des Fehlens einer früheren grünen Blockpartei noch große Probleme in Ostdeutschland hat. Die Entwicklung der Wählerstruktur scheint hingegen bedenklich. Zum einen besteht noch die Kohorte der APO-Generation, die immer älter wird und zum anderen haben die Grünen mit dem Eintritt in die Regierungskoalition viele ihrer Jungwähler verloren, da eine Regierungspartei das Bild und die Rolle einer Protestpartei nicht mehr glaubhaft vermitteln kann.

Trotz allem Pessimismus, kann aber bei der Frage „Was ist noch grün an der grünen Partei?" möglicherweise gegengefragt werden: „Was war denn grün an der grünen Partei?". Die Grünen waren bei ihrer Gründung ein im höchsten Maße heterogenes Sammelbecken unterschiedlichster Strömungen, die gemeinsam für ein Gegenbild der Wirklichkeit eintraten. Dabei schafften sie es immer wieder von neuem sich an die aktuellen Rahmenbedingungen anzupassen, wenn man bedenkt, dass sie als einzige Partei 1994 den Wiedereinzug in den Bundestag geschafft haben. Schaffen die Grünen die neuerliche Anpassung an eine veränderte Gesellschaft, dann wäre das am ehesten noch das typisch grüne an der grünen Partei!

Literaturliste

Alemann, U.v.: Das Parteiensystem der Bundesrepublik Deutschland, Opladen 2003.

Basisgrün: Bündnis 90/ Die Grünen haben eine zweite Chance verdient, in: http://www.basisgruen.de/gruene/bund/allgemein/zweite-chance.htm (3.9.2003)

Bündnis 90/ Die Grünen: Bundespartei 1980 – 1983, in: http://www.gruene-partei.de/rsvgn/rs_rubrik/0,,911,00.htm (3.9.2003)

Bündnis 90/ Die Grünen: Die Zukunft ist grün – Grundsatzprogramm, Berlin 2002.

Bündnis 90/ Die Grünen: Grüne Regeln – Satzung des Bundesverbandes, Berlin 2003.

Bürklin, W./ Russel, J.D.: Das Ergrauen der Grünen, in: Klingemann, H.D./ Kaase, M. (Hrsg.): Wahlen und Wähler – Analysen aus Anlass der Bundestagswahl, Opladen 1990.

Cornelsen, D.: Ankläger im Hohen Haus – Die Grünen im Bundestag, Essen 1986.

Die Grünen: Das Bundesprogramm 1980, Köln 1980.

Eisel, S.: Zum Demokratieverständnis der Grünen, in: Gotto, K./ Veen, H.J.: a.a.O., S. 85.

Fischer, J. in einem Spiegel-Interview über die Erneuerung der Partei, in: Der Spiegel, Vol. 7, 1999.

Hasenclever, W.D.: Die Grünen sind ein stinknormale Partei geworden, in: Schroeren, M.(Hrsg.): Die Grünen – 10 bewegte Jahre, Wien 1990.

Inglehart, R.: The Silent Revolution in Europe: Intergenerational Change in Post-Industrial Societies, in: The American Political Science Review, Vol. 65, 1971.

Kelly, P.: Wir sind die Antiparteien-Partei, in: Der Spiegel, 14.6.1982.

Klein, M./ Arzheimer, K.: Grau in Grau – Die Grünen und ihre Wähler nach eineinhalb Jahrzehnten, in: Kölner Zeitschrift für Soziologie und Sozialpsychologie, Vol. 49, 1997, S. 650 – 673.

Klein, M./ Falter, J.: Der lange Weg der Grünen, München 2003.

Raschke, J.: Die Grünen – Wie sie wurden, was sie sind, Köln 1993.

Schulte, C.: Die Herkunft der Grünen: Ursachen, Voraussetzungen und Entstehung einer Bewegung, in: Gotto, K./ Veen, H.J. (Hrsg.): Die Grünen – Partei wider Willen, Mainz 1984,

Veen, H.J./ Hoffmann, J.: Die Grünen zu Beginn der neunziger Jahre – Profil und Defizite einer fast etablierten Partei, Bonn/ Berlin 1992.

Veen, H.J.: Die Grünen als Milieupartei, in: Maier, H. et al. (Hrsg.): Politik, Philosophie, Praxis – Festschrift für Wilhelm Hennis zum 65. Geburtstag, Stuttgart 1988.

Vollmer.A.: Das Privileg der ersten, viele Fehler zu machen – Gründe für den Niedergang, in: Fücks, R.: Sind die Grünen noch zu retten?, Hamburg 1991.

Wilpert, G.: Revolutionäre Kaderpolitik und Terrorismus, in: Markovits, A.S./ Gorski, P.S.: Grün schlägt Rot – Die deutsche Linke nach 1945, Hamburg 1997.